LA REVOLUCIÓN ESTADOUNIDENSE

LA LUCHA POR LA LIBERTAD

Torrey Maloof

Asesores

Katie Blomquist, Ed.S.
Escuelas Públicas del Condado de Fairfax

Nicholas Baker, Ed.D.
Supervisor de currículo e instrucción
Distrito Escolar Colonial, DE

Créditos de publicación

Rachelle Cracchiolo, M.S.Ed., *Editora comercial*
Conni Medina, M.A.Ed., *Redactora jefa*
Emily R. Smith, M.A.Ed., *Realizadora de la serie*
Diana Kenney, M.A.Ed., NBCT, *Directora de contenido*
Caroline Gasca, M.S.Ed., *Editora superior*
Johnson Nguyen, *Diseñador multimedia*
Torrey Maloof, *Editora*
Sam Morales, M.A., *Editor asociado*
Jill Malcolm, *Diseñadora gráfica básica*

Créditos de imágenes: págs.2–3, 4, 5, 6, 7, 10, 11, 12, 13 (superior), 18, 23, 26, 28–29, 29 North Wind Picture Archives; págs.5, 6, 20–21, 24, 26 Granger, NYC; pág.8 LOC [DIG-ppmsca-05478]; pág.13 (inferior) Jessi Hagood; pág.15 LOC [LC-USZCN4-159]; pág.16 SuperStock/Alamy; pág.17 Universal History Archive/UIG/Bridgeman Images; pág.21 Yale University Art Gallery; pág.22 Chronicle/Alamy; pág.22 Library of Congress; pág.27 Wikimedia Commons/Public Domain; todas las demás imágenes cortesía de iStock y/o Shutterstock.

Library of Congress Cataloging-in-Publication Data

Names: Maloof, Torrey, author.
Title: La revolución estadounidense : la lucha por la libertad / Torrey Maloof.
Other titles: Inevitable revolution. Spanish
Description: Huntington Beach : 2020. | Audience: Grade 4 to 6. | Summary: "The 13 colonies were not happy when King George III placed heavy taxes upon them. Believing they were British citizens, they were puzzled and frustrated as to why they had no representation in government. When the colonists' concerns were ignored, they decided it was time to declare independence. Thus began the American Revolution"-- Provided by publisher.
Identifiers: LCCN 2019014769 (print) | LCCN 2019980807 (ebook) | ISBN 9780743913607 (paperback) | ISBN 9780743913614 (ebook)
Subjects: LCSH: United States--History--Revolution, 1775-1783--Causes--Juvenile literature. | United States--History--Revolution, 1775-1783--Juvenile literature.
Classification: LCC E210 .M12518 2020 (print) | LCC E210 (ebook) | DDC 973.3/11--dc23
LC record available at https://lccn.loc.gov/2019014769
LC ebook record available at https://lccn.loc.gov/2019980807

Teacher Created Materials

5301 Oceanus Drive
Huntington Beach, CA 92649-1030
www.tcmpub.com

ISBN 978-0-7439-1360-7

Contenido

¡La guerra está cerca! 4

Y así comienza 8

El momento decisivo 16

Valley Forge 18

Espías furtivos 22

El bloqueo y la rendición 24

Los 13 relojes 26

¡Escribe en código! 28

Glosario 30

Índice 31

¡Tu turno! 32

¡La guerra está cerca!

"Vengan, escuchen, niños, que ahora van a oír
de la cabalgata nocturna de Paul Revere".

El poeta Henry Wadsworth Longfellow escribió estos versos. Antes de que el poema se publicara, la historia de la famosa cabalgata de Revere todavía no era muy conocida. Aunque el poema no es totalmente exacto, ilustra un momento importante de la historia estadounidense.

La cabalgata de Revere sucedió justo antes de que se iniciara la Revolución estadounidense. En esos años, la tensión entre los británicos y los colonos había llegado a su límite. Los colonos estaban hartos de los impuestos. Estaban cansados de las restricciones que les imponían los británicos. Querían ser tratados de manera justa. La guerra se avecinaba. Era **inevitable**.

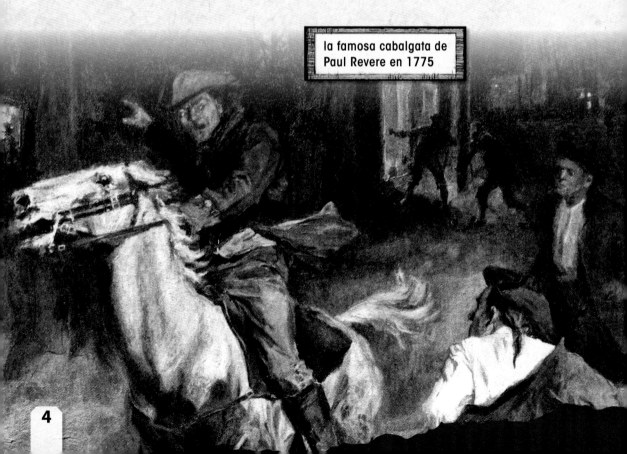

la famosa cabalgata de
Paul Revere en 1775

Los colonos debaten sobre su descontento.

Los **patriotas** eran colonos que querían liberarse del control de Gran Bretaña. Se preparaban para la guerra. Las **milicias** entrenaban. Se pensaban estrategias. Se reunían las armas. Pronto, los británicos se enteraron de los planes. Los soldados británicos se prepararon para irse de Boston. Se dirigieron a Concord y Lexington. Su misión era tomar las armas de los colonos y arrestar a los **traidores**. Pero los colonos iban un paso delante de los británicos. Diseñaron un plan: un sistema de advertencia.

Hijos de la Libertad

Los británicos intentaron arrestar a líderes patriotas, como Samuel Adams y John Hancock, que alentaban a los colonos a luchar por su libertad. Se había formado un grupo, los Hijos de la Libertad, en el que participaban dueños de tiendas y trabajadores que luchaban contra el trato injusto de los británicos.

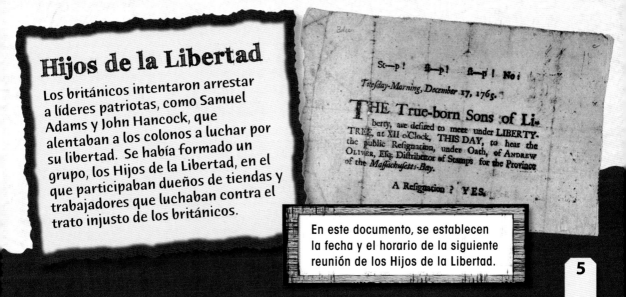

En este documento, se establecen la fecha y el horario de la siguiente reunión de los Hijos de la Libertad.

5

Revere tenía algunos hombres en Boston vigilando a los británicos. Cuando los soldados se fueran, esos hombres debían subir a la torre de la iglesia Old North. Si los británicos viajaban por tierra, se debía encender un farol en la torre. Si los británicos tomaban el atajo e iban por mar, se debían encender dos faroles. Como escribió Longfellow en el famoso poema: "Uno si van por tierra; dos si van por mar".

La noche del 18 de abril de 1775, se encendieron dos faroles en la torre. Revere empezó la cabalgata a las 10 p. m. ¡Era hora de advertir a todos que venían los británicos! Revere cabalgó hasta Lexington. Allí se escondían Samuel Adams y John Hancock. No quería que esos líderes patriotas fueran capturados por los británicos. Llegó justo después de medianoche y advirtió a los hombres y a la milicia que se encontraban allí.

Dos faroles alumbran la iglesia Old North.

uno de los faroles usados para dar aviso a Paul Revere

Paul Revere advierte a los colonos que los británicos están en camino.

Cazadores de mitos

Muchos creen que Revere gritaba "¡Llegan los británicos!" mientras cabalgaba. Pero ¡no fue así! Revere quería ser discreto. Además, ¡los colonos también se sentían británicos!

Luego, Revere y otros dos hombres tomaron sus caballos y salieron al galope hacia Concord. Advirtieron a todos los que encontraban en el camino. Los británicos capturaron a los tres hombres antes de que llegaran a Concord, pero el daño ya estaba hecho. Las milicias coloniales habían recibido la advertencia. Cuando los británicos llegaron el 19 de abril, se encontraron con colonos enojados y armados. ¡Estaban listos para pelear!

Paul Revere

Y así comienza

El capitán John Parker había peleado en la guerra franco-india y lideraba un grupo de milicianos conocidos como *minutemen*. Los llamaban así porque les tomaba un minuto alistarse para pelear. Casi todos eran agricultores y no tenían experiencia de combate.

Parker recibió el aviso de Revere y sus hombres. Sabía que los británicos estaban en camino. Reunió a sus hombres y les dijo: "Defiendan su posición. No disparen a menos que les disparen, pero si ellos quieren una guerra, pues que comience aquí". El lugar donde Parker pronunció estas palabras en Lexington es el sitio donde comenzó la Revolución estadounidense.

la batalla de Lexington en 1775

Nadie sabe quién disparó primero. Cuando la batalla de Lexington terminó, habían muerto ocho colonos. Solo había un soldado británico herido. Pero la guerra no había terminado. Los británicos marcharon a Concord. Casi todas las armas que buscaban ya habían sido escondidas por los colonos. Las tropas británicas quemaron las pocas que lograron encontrar. A los colonos les preocupaba que incendiaran todo el pueblo. Los cientos de milicianos que estaban reunidos en Concord cargaron contra los británicos. Los británicos abrieron fuego. Los milicianos respondieron. Los británicos iniciaron la **retirada**. Los milicianos los siguieron y continuaron disparando.

el puente Norte en Concord, Massachusetts

estatua de un miliciano

Primeros disparos

Los primeros disparos en Concord se hicieron en el puente Norte. En 1837, un poeta llamado Ralph Waldo Emerson escribió un poema sobre ese momento de la historia estadounidense. Lleva el título de "Himno a Concord".

En las batallas de Lexington y Concord, los estadounidenses pelearon contra el mejor ejército del mundo. Los británicos estaban bien entrenados, y tenían experiencia militar. Pero los estadounidenses mantuvieron su posición. Los colonos mataron o hirieron a alrededor de 250 soldados británicos. Hubo 90 **bajas** del lado estadounidense.

George Washington asume el mando del Ejército Continental.

Estaba a la altura

La estatura de Washington lo hacía parecer un líder. Era alto. Tenía hombros anchos. Abigail Adams dijo una vez: "Tiene una dignidad que hace imposible la familiaridad y, al mismo tiempo, su disposición afable inspira amor y respeto".

En Filadelfia, el **Congreso Continental** tenía una nueva prioridad. La guerra había comenzado. Todas las milicias debían unirse y formar un ejército. Pero ¿quién estaría al mando? Debía ser un hombre fuerte y valiente. Necesitaba tener experiencia militar. Debía ser alguien respetado. Y debía estar comprometido con la lucha de Estados Unidos por su independencia. El Congreso escogió a George Washington.

Washington había peleado en la guerra franco-india. Era un líder en la colonia de Virginia, y estaba totalmente comprometido con la causa de los patriotas. Sin embargo, no se sentía seguro de ser el hombre adecuado para el trabajo. Dudaba de sus capacidades. Le dijo a su amigo Patrick Henry que le preocupaba que ser el comandante del ejército arruinara su reputación. De todos modos, aceptó el cargo. Compró libros sobre cómo liderar y organizar un gran ejército. Estudió. Se entrenó. Quería ganar la guerra.

George Washington

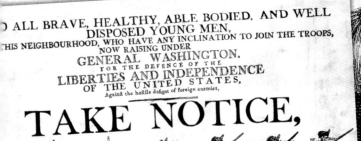

En este cartel, se alienta a los hombres a unirse al Ejército Continental.

La batalla de Bunker Hill

El 16 de junio, en la oscuridad de la noche, las tropas estadounidenses recibieron la orden de marchar hacia Bunker Hill, que quedaba en las afueras de Boston. En esa colina, las tropas construirían **fortificaciones**. Desde allí, pelearían para detener el avance de los británicos. Pero los hombres no establecieron su defensa allí, sino que lo hicieron en Breed's Hill.

Los estadounidenses construyeron con prisa muros y **barricadas** para protegerse del fuego británico. Por la mañana, los soldados británicos marcharon hacia la colina. Los estadounidenses sabían que no tenían muchas **municiones**. ¡Les habían ordenado no disparar al enemigo "hasta verle lo blanco de los ojos"! Los estadounidenses esperaron. Estaban nerviosos y asustados.

Los británicos subieron por la colina. Cuando estuvieron muy cerca, los estadounidenses dispararon. Finalmente, obligaron a los británicos a retirarse. Los británicos reorganizaron las tropas y volvieron a la carga. Los estadounidenses atacaron y los obligaron a descender otra vez. Pero, en el tercer intento británico, los estadounidenses se quedaron sin municiones. Tuvieron que escapar. Perdieron la batalla. Los británicos tomaron el control de las colinas que rodeaban Boston y la península. Pero una vez más, los estadounidenses sintieron orgullo. Habían logrado detener a los británicos, aunque fuera por poco tiempo.

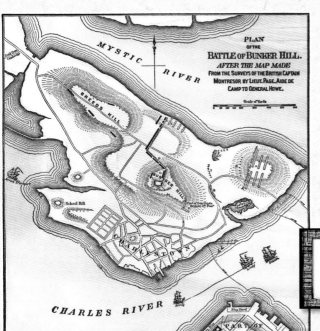

En este mapa británico, las posiciones de Breed's Hill y de Bunker Hill aparecen al revés.

En el lugar equivocado

Nadie sabe si las tropas escogieron Breed's Hill a propósito o si se confundieron en la oscuridad. De cualquier modo, la batalla se conoce como la batalla de Bunker Hill. Hay incluso una placa conmemorativa en la cima de Breed's Hill que así lo dice.

El cruce del Delaware

   El 4 de julio de 1776, el Congreso aprobó la Declaración de Independencia. Los colonos habían luchado contra los británicos durante más de un año. La Declaración dio a los soldados una idea más clara de por qué luchaban: la independencia. Eso los motivó. Les levantó el ánimo. Pero, más adelante, cuando llegó el invierno, los soldados estaban exhaustos y agobiados. Necesitaban otro suceso que los inspirara. Necesitaban una gran victoria en la guerra. Washington lo sabía. Elaboró un plan.

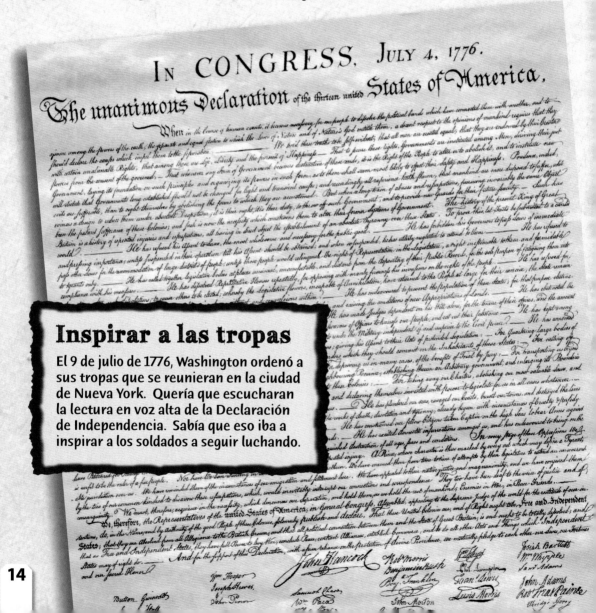

Inspirar a las tropas

El 9 de julio de 1776, Washington ordenó a sus tropas que se reunieran en la ciudad de Nueva York. Quería que escucharan la lectura en voz alta de la Declaración de Independencia. Sabía que eso iba a inspirar a los soldados a seguir luchando.

Washington y sus tropas cruzan el río Delaware.

Washington quería lanzar un ataque sorpresa. Iban a sorprender a un grupo de soldados apostados en Trenton, Nueva Jersey. El grupo había acampado allí por el invierno. El ataque sería el día de Navidad. Escogieron ese día porque sabían que los soldados enemigos estarían cansados por la celebración del día festivo. Era un buen plan. Pero, para llegar a Trenton, Washington y sus soldados tenían que cruzar el helado y traicionero río Delaware. No era tarea fácil. Sin embargo, 2,400 soldados lograron cruzar el río a través del hielo y las tormentas de aguanieve. El ataque sorpresa fue un éxito. ¡Ganaron la batalla! El plan de Washington había funcionado. La victoria les levantó el ánimo a los soldados, y también a los estadounidenses de las 13 colonias.

El momento decisivo

El general británico John Burgoyne dejó Canadá. Marchó hacia Nueva York, ¡y llevó 7,200 soldados! Su misión era aislar a Nueva Inglaterra y a Nueva York. Pensaba que, si podía separar a esas dos colonias del resto, la guerra terminaría pronto. Las tropas de Burgoyne se enfrentaron a las estadounidenses cerca de Saratoga, Nueva York, el 19 de septiembre de 1777. Fue la primera de dos batallas. Los británicos ganaron esta batalla. Pero sufrieron más bajas. Murieron casi 600 soldados británicos. Los estadounidenses, en cambio, sufrieron apenas unas 150 bajas.

el general John Burgoyne

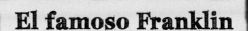

El famoso Franklin

Benjamin Franklin fue enviado a Francia en octubre de 1776. Franklin era bastante conocido en Francia, pero no logró garantizar una alianza con los franceses hasta la victoria de Saratoga.

Burgoyne quería esperar la llegada de más tropas antes de entrar en otra batalla. Pero los **refuerzos** nunca llegaron. Burgoyne decidió actuar. El 7 de octubre, los británicos lanzaron su segundo ataque. El general estadounidense Horatio Gates y sus hombres mantuvieron su posición. Obligaron a los británicos a retroceder. Luego, los rodearon. El 17 de octubre, Burgoyne se rindió.

Estas dos batallas fueron el momento decisivo de la guerra. ¿Por qué? Porque dieron lugar a una **alianza**. Después de estas batallas, los franceses decidieron ayudar a Estados Unidos en la guerra. Enviaron tropas y provisiones. También enviaron barcos y dinero. Gracias a la ayuda de Francia, las tropas estadounidenses se hicieron más fuertes. Sin su ayuda, el resultado de la guerra podría haber sido muy distinto.

El general Burgoyne se rinde en Saratoga.

Valley Forge

Los soldados estadounidenses estaban exhaustos. Muchos estaban enfermos. Tenían poca comida. Sus uniformes estaban hechos harapos, y algunos no tenían zapatos. El suelo estaba cubierto de nieve, el viento era helado y el río estaba congelado. La situación era terrible en Valley Forge.

En el otoño de 1777, las fuerzas británicas tomaron Filadelfia. Perder la capital fue un golpe importante para Washington. Sus tropas ya habían sufrido muchas bajas, y ahora se preparaban para enfrentar un invierno difícil en un campamento a 18 millas de Filadelfia.

tropas estadounidenses en Valley Forge

La señora Washington

La esposa de Washington, Martha, también trabajaba para dar confianza a los soldados. Pasó el invierno con los hombres en Valley Forge. Los alimentó, y cuidó de los heridos y los enfermos. Hasta les dejaba pequeños regalos para darles ánimo.

Washington y sus hombres nunca lucharon contra los británicos en Valley Forge; allí no hubo ninguna batalla militar. Pero sí lucharon por su vida. Los soldados lucharon por sobrevivir. Se enfrentaron al mal tiempo, pelearon contra el hambre y combatieron las enfermedades.

Los que sobrevivieron a ese duro invierno se fortalecieron. Se unieron como equipo. Washington tenía mucho que ver con eso. Dormía junto a sus hombres en las minúsculas tiendas y en las frías cabañas de madera que había por todo el valle. Peleó las mismas batallas que pelearon sus soldados. Eso demostraba que Washington respetaba a sus hombres y estaba dispuesto a sufrir los mismos males para ganarse su respeto.

cabaña en Valley Forge

Algo más sucedió ese invierno en Valley Forge. Los soldados se volvieron más disciplinados y aprendieron mejores técnicas de combate. Eso se debió, en gran parte, al barón Friedrich von Steuben. El barón era de **Prusia**. Allí era capitán del ejército. Benjamin Franklin lo había conocido en Francia. Franklin sugirió que Washington usara a Von Steuben para entrenar al ejército estadounidense. Y eso fue precisamente lo que Washington hizo.

Von Steuben llegó a Valley Forge en febrero de 1778. No podía creer las condiciones de suciedad del campamento. Una de las primeras cosas que hizo fue trasladar las **letrinas** lejos de donde vivían los soldados. Eso los ayudó a mantenerse más limpios. También trasladó las cocinas al otro lado del campamento para que la comida no estuviera cerca de las letrinas. Luego, organizó el campamento en compañías y regimientos.

El barón Von Steuben entrena al Ejército Continental en Valley Forge.

Luego, Von Steuben entrenó a los soldados. Les enseñó a disparar con precisión. Les mostró cómo recargar sus armas con eficiencia. Les enseñó a usar las **bayonetas** correctamente. Les dio ejercicios de entrenamiento para que practicaran las nuevas técnicas. Cuando los hombres dejaron Valley Forge, estaban orgullosos, entrenados y listos para volver a pelear.

el barón Friedrich von Steuben

El libro de Von Steuben

Mientras estuvo en Valley Forge, Von Steuben escribió un manual de entrenamiento para soldados. Muchos de los métodos que incluyó se siguen usando en el ejército.

Espías furtivos

La lucha armada no fue la única estrategia que se usó en la Revolución estadounidense. Ambos bandos usaron métodos furtivos en su intento de ganar la guerra. El grupo más famoso y eficaz fue la red de espionaje Culper. Esos hombres y mujeres pertenecían al grupo de los patriotas. Arriesgaban su propia vida para reunir en secreto información sobre los británicos. Luego, pasaban la información al general Washington de manera encubierta. Era un trabajo peligroso. ¡Si los atrapaban, podían terminar en la horca!

En 1778, Washington pidió que se creara una red de espías. Puso al comandante Benjamin Tallmadge a cargo de la operación secreta. Este grupo luego se convirtió en la red de espionaje Culper. Primero, Tallmadge necesitaba hombres y mujeres de confianza. Por eso escogió a sus amigos de la infancia. Todos tenían un nombre en código. También escribían en código. ¡Y usaban tinta invisible! Hasta se enviaban señales colgando ropa en tenderos.

código de la red de espionaje Culper

comandante Benjamin Tallmadge

22

La red de espías reunió información que ayudó a Washington a ganar la guerra. Una vez, advirtieron a Washington que los británicos planeaban atacar a los franceses que estaban en viaje para ayudar a los estadounidenses. También reunieron información que condujo a la caída del traidor estadounidense Benedict Arnold. ¡Ninguno de los espías de Tallmadge fue descubierto!

Este mensaje en código advertía a los estadounidenses sobre los planes de las tropas británicas. Dice: "Clinton envió una expedición secreta por el Hudson para interceptar a Washington".

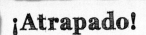

| CLINTON | HAS | SENT | A | SECRET | EXPEDITION | UP |
| THE | HUDSON | TO | INTERCEPT | WASHINGTON. |

¡Atrapado!

Nathan Hale trabajó como espía voluntario para George Washington. Los británicos lo capturaron y lo ejecutaron sin juicio previo. Hale es famoso por las últimas palabras que pronunció: "Solo me arrepiento de tener una sola vida para dar por mi país".

El bloqueo y la rendición

El general británico Cornwallis llevó a sus tropas a Yorktown, Virginia, en agosto de 1781. El plan era apoderarse de Virginia. Yorktown se encontraba en la costa de la bahía de Chesapeake. Cornwallis esperaba la llegada de más tropas y provisiones por barco. Luego, empezaría a pelear. Pero Washington y su ejército iban un paso delante de Cornwallis.

George Washington en Yorktown

Los 13 relojes

En 1818, John Adams escribió una carta. Era una carta muy inteligente sobre la Revolución estadounidense. Decía que las revoluciones habían sido dos. Una había incluido armas y batallas: era la guerra. Pero había otra revolución "en la mente y el corazón de las personas" de las 13 colonias. Había un **despertar**. Todos sabían que ya era hora de un cambio. Querían gobernarse a sí mismos. Necesitaban un gobierno basado en la igualdad, en el que dominara la justicia, no un rey.

Esta insignia de la Revolución francesa fue entregada a alumnos de la escuela militar.

John Adams

Libertad, igualdad, fraternidad

La Revolución estadounidense demostró que se podían reemplazar los viejos sistemas e iniciar nuevos gobiernos. Otros países también buscaron la libertad. En su revolución de 1789, los franceses declararon: "libertad, igualdad, fraternidad".

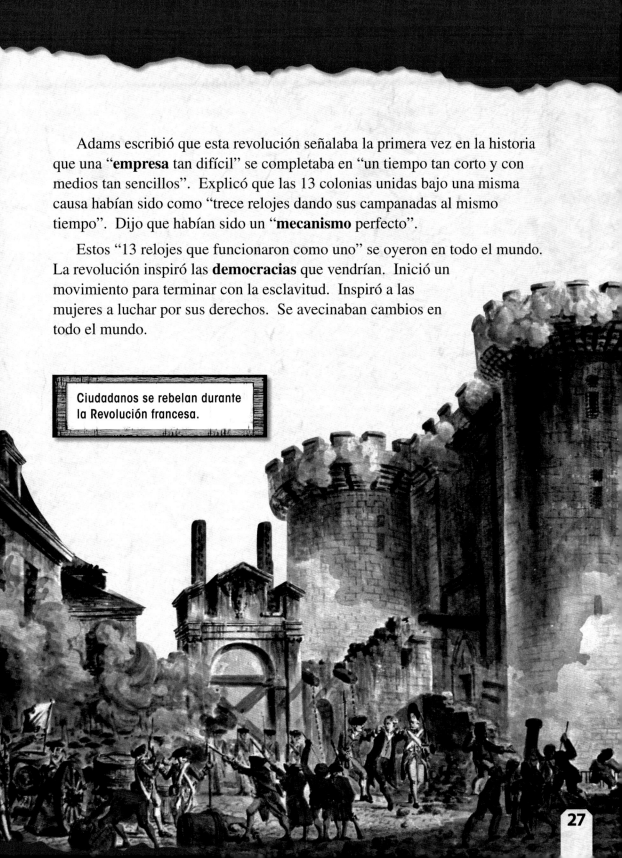

Adams escribió que esta revolución señalaba la primera vez en la historia que una "**empresa** tan difícil" se completaba en "un tiempo tan corto y con medios tan sencillos". Explicó que las 13 colonias unidas bajo una misma causa habían sido como "trece relojes dando sus campanadas al mismo tiempo". Dijo que habían sido un "**mecanismo** perfecto".

Estos "13 relojes que funcionaron como uno" se oyeron en todo el mundo. La revolución inspiró las **democracias** que vendrían. Inició un movimiento para terminar con la esclavitud. Inspiró a las mujeres a luchar por sus derechos. Se avecinaban cambios en todo el mundo.

Ciudadanos se rebelan durante la Revolución francesa.

¡Escribe en código!

Durante la Revolución estadounidense, ambos bandos usaron espías para reunir información secreta. Eso los ayudaba a planificar sus próximos pasos. Los espías usaban muchos trucos y códigos.

Imagina que eres un espía durante la guerra. Necesitas compartir información importante con el general George Washington. Crea un código secreto que puedas usar para ocultar la información. Después, escribe una carta a Washington usando el código.

Dale la carta y el código a un amigo o amiga. ¡Fíjate si puede descubrir el mensaje!

Una mujer estadounidense organiza un té para obtener información de un oficial británico.

Los patriotas usaban este alfabeto cifrado para enviar mensajes durante la Revolución estadounidense.

Glosario

alianza: una relación en la que las personas se ponen de acuerdo para trabajar juntas

bajas: personas heridas o muertas en una guerra

barricadas: muros, cercas o estructuras temporales similares que se construyen para evitar que las personas ingresen en un lugar o área

bayonetas: cuchillos largos que se ajustan a los rifles y que suelen usarse como armas en una batalla

Congreso Continental: una reunión de delegados de las colonias para decidir cómo tratar con Gran Bretaña y qué leyes aprobar

democracias: formas de gobierno en las que las personas eligen a sus líderes a través del voto

despertar: el hecho de darse cuenta de algo

empresa: un proyecto o una actividad que suele ser difícil y para la que se requiere decisión y esfuerzo

fortificaciones: estructuras militares construidas para la defensa y la protección contra ataques del enemigo

inevitable: imposible de evitar o que sucederá con seguridad

letrinas: baños exteriores que suelen ser pozos cavados en el suelo

mecanismo: una pieza de una maquinaria

milicias: grupos de ciudadanos comunes entrenados en el combate militar y dispuestos a luchar y defender a su país

municiones: balas y proyectiles que se disparan con armas de fuego

patriotas: personas que apoyaban la independencia estadounidense de Gran Bretaña

Prusia: un antiguo reino ubicado donde hoy se encuentra Alemania

refuerzos: personas y suministros que se envían para ayudar a un ejército o una fuerza militar

retirada: la acción de alejarse de un enemigo porque está ganando o ha ganado la batalla

traidores: personas que ayudan a un enemigo de su propio país

Índice

Adams, Abigail, 10

Adams, John, 26–27

Adams, Samuel, 5–6

Arnold, Benedict, 23

Boston, 5–6, 12–13

Bunker Hill, 12–13

Burgoyne, John, 16–17

Concord, 5, 7, 9–10

Cornwallis, general, 24–25

Culper, red de espionaje, 22

Declaración de Independencia, 14

Emerson, Ralph Waldo, 9

Filadelfia, 11, 18

Franklin, Benjamin, 17, 20

Gates, Horatio, 17

Hale, Nathan, 23

Hancock, John, 5–6

Henry, Patrick, 11

Lexington, 5–6, 8–10

Longfellow, Henry Wadsworth, 4, 6

Parker, John, 8

Revere, Paul, 4, 6–8

Saratoga, 16–17

Tallmadge, Benjamin, 22–23

Trenton, 15

Valley Forge, 18–21

Von Steuben, barón Friedrich, 20–21

Washington, George, 10–11, 14–15,
    18–20, 22–25, 28

Washington, Martha, 19

Yorktown, 24–25

TO ALL BRAVE, HEALTHY, ABLE BODIED, AND WELL DISPOSED YOUNG MEN,

IN THIS NEIGHBOURHOOD, WHO HAVE ANY INCLINATION TO JOIN THE TROOPS, NOW RAISING UNDER

GENERAL WASHINGTON.

FOR THE DEFENCE OF THE

LIBERTIES AND INDEPENDENCE OF THE UNITED STATES,

Against the hostile designs of foreign enemies,

TAKE NOTICE,

¡Únete ahora!

Este es un cartel de la época de la Revolución estadounidense. Alienta a los hombres a unirse al Ejército Continental para ayudar a Estados Unidos a ganar la guerra. Dice: "Atención a todos los jóvenes valientes, sanos y en buen estado físico que deseen unirse a las tropas reunidas bajo el mando del general Washington. Para la defensa de las libertades y la independencia de Estados Unidos, contra los planes hostiles del enemigo extranjero. Presten atención". Crea tu propio cartel. Trata de convencer a las personas de que se unan a la causa de los patriotas o que sigan siendo leales a los británicos. ¿Qué bando escogerás?

The ENCOURAGEMENT at this time, to enlist, is truly liberal and generous, namely, a bounty of TWELVE dollars, an annual and fully sufficient supply of good and handsome cloathing, a daily allowance of a large and ample ration of provisions, together with SIXTY dollars a year in GOLD and SILVER money on account of pay, the whole of which the soldier may lay up for himself and friends, as all articles proper for his subsistance and comfort are provided by law, without any expence to him.

Those who may favour this recruiting party with their attendance as above, will have an opportunity of hearing and seeing in a more particular manner, the great advantages which these brave men will have, who shall embrace this opportunity of spending a few happy years in viewing the different parts of this beautiful continent in the honorable and truly respectable character of a soldier, after which he may, if he pleases return